O.W. BARTH

EINFACH MITEINANDER

THICH NHAT HANH

Aus dem Englischen
von Ursula Richard

17 Illustrationen

O.W. BARTH

Die amerikanische Originalausgabe erschien 2020 unter dem Titel
»How to connect« bei Parallax Press, Berkeley, California.
Mit 17 Illustrationen von Jason DeAntonis

Besuchen Sie uns im Internet:
www.ow-barth.de

Aus Verantwortung für die Umwelt hat sich die Verlagsgruppe
Droemer Knaur zu einer nachhaltigen Buchproduktion verpflichtet.
Der bewusste Umgang mit unseren Ressourcen,
der Schutz unseres Klimas und der Natur gehören zu
unseren obersten Unternehmenszielen.
Gemeinsam mit unseren Partnern und Lieferanten setzen wir uns für
eine klimaneutrale Buchproduktion ein, die den Erwerb von
Klimazertifikaten zur Kompensation des CO_2-Ausstoßes einschließt.
Weitere Informationen finden Sie unter: www.klimaneutralerverlag.de

FSC www.fsc.org MIX Papier aus verantwortungsvollen Quellen FSC® C083411

Deutsche Erstausgabe März 2021

Ein Imprint der Verlagsgruppe Droemer Knaur GmbH & Co. KG, München

Redaktion: Martina Darga
Covergestaltung: ZERO Werbeagentur, München
Originalcover: Debbie Berne
Coverabbildung: Jason DeAntonis
Satz: Adobe InDesign im Verlag
Druck und Bindung: CPI books GmbH, Leck
ISBN 978-3-426-29316-4

2 4 5 3 1

INHALT

EINFACH MITEINANDER

Wie wir uns mit uns selbst,
mit anderen und der Natur
verbinden können

Wir sind hier, um aus der Täuschung zu erwachen, wir seien von anderen getrennt.

Achtsamkeit ist ein heilsamer Balsam, der unserem Gefühl der Entfremdung ein Ende setzen kann. Sie ist ein urteilsfreies Gewahrsein dessen, was in uns und um uns herum geschieht.

Wenn wir unsere ganze Aufmerksamkeit darauf richten, uns wirklich mit dem zu verbinden, was wir tun – ob wir nun gehen, atmen, uns die Zähne putzen oder eine Mahlzeit essen –, dann bringt uns das in die Gegenwart zurück. Wir sind im Hier und Jetzt präsent. Dies ist die Grundlage des Glücks.

Wenn ich achtsam bin, erlebe ich alles intensiver, den ersten Schluck Tee am Morgen, meine ersten Schritte draußen. Ich bin hier, da für das Leben. Und das Leben ist da für mich.

Üben wir uns in achtsamem Atmen und achtsamem Gehen, verbinden wir uns mit den Wundern unseres Körpers, den Wundern der Erde und mit dem ganzen Kosmos.

DIE ENERGIE DER ACHTSAMKEIT

Die Energie der Achtsamkeit vermag uns die nötige Stabilität zu geben, damit wir unsere schwierigen Emotionen erkennen und umarmen können und nicht von ihnen überwältigt werden. Dann können wir auch mit den Wundern des Lebens um uns herum und mit der Großzügigkeit von Mutter Erde in Berührung kommen. So werden wir die vielen Bedingungen für unser Glück erkennen, die bereits existieren.

DES ATEMS GEWAHR SEIN

In unserem Alltag vergessen wir oft, dass Geist und Körper miteinander verbunden sind. Unser Körper ist hier, doch unser Geist ganz woanders. Wir verlieren uns leicht in unserer Arbeit, unseren Plänen, unseren Ängsten, unseren Träumen. Wir leben mehr und mehr in unserem Geist und entfremden uns immer weiter von der natürlichen Welt. Unser Atem ist die Brücke, die unseren Körper und unseren Geist verbindet. Wenn wir zu unserem Atem zurückkehren und ihm den ganzen Weg vom Anfang bis zum Ende mit unserem Gewahrsein folgen, bringen wir Körper und Geist wieder zusammen und erinnern uns an das Wunder des gegenwärtigen Augenblicks. Das Gewahrsein unseres Ein- und Ausatmens beruhigt uns und bringt Frieden in unseren Körper zurück.

KLAR SEHEN

Die Praxis, Körper und Geist zu harmonisieren, führt zu einer Klarheit, die uns hilft, falsche Wahrnehmungen aufzugeben. Wenn wir uns überfordert oder verwirrt fühlen, unfähig, klar zu denken, dann nehmen wir die Dinge nicht so wahr, wie sie sind, und unsere Worte und Taten können Leid und Trennung für uns und andere bewirken. Wenn wir Frieden in uns kultivieren, beginnen wir, die Dinge so zu sehen, wie sie wirklich sind. Sind wir in der Lage, klar zu sehen, entstehen Verständnis und Mitgefühl, und Wut und Eifersucht verblassen. Wir akzeptieren uns so, wie wir sind, wir akzeptieren andere so, wie sie sind, und wir betrachten uns selbst und andere mit den Augen des Mitgefühls.

DAS SITZEN GENIESSEN

Gönnen Sie sich, in Ruhe, Achtsamkeit und Konzentration zu sitzen. Lassen Sie zu, dass der Atem seinem natürlichen Rhythmus folgt. Genießen Sie Ihre Ein- und Ausatmung. Während des Sitzens wird uns vielleicht bewusst, dass es da draußen, oben am Himmel, eine Unmenge von Sternen gibt. Vielleicht können wir sie nicht sehen, aber sie sind trotzdem da. Wir sitzen auf einem unfassbar schönen Planeten, der sich in unserer Galaxie, der Milchstraße, einem Band aus Milliarden von Sternen, dreht. Sitzen wir in diesem Gewahrsein, was brauchen wir dann noch mehr? Wir sehen die Wunder des Universums und unseres Planeten Erde ganz deutlich. Diese Art von Gewahrsein lässt uns die ganze Welt umarmen, von der Vergangenheit bis in die Zukunft, und unser Glück ist grenzenlos.

ZU SICH SELBST NACH HAUSE KOMMEN

Im täglichen Leben werden wir oft von unseren Gefühlen, Wahrnehmungen und Gedanken mitgerissen. Selten sind wir frei. Wir sind wie ein Blatt, das auf dem Meer treibt und von den Wellen hin und her geworfen wird. Wir sind nicht Herr oder Herrin über uns selbst oder unsere Situation. Es ist so wichtig, dass wir zu uns selbst nach Hause kommen und aufhören, das Opfer unserer Umstände zu sein. Durch unser Ein- und Ausatmen zu uns selbst zurückzukehren ist eine grundlegende Friedenspraxis.

FESTEN BODEN FINDEN

In unserer Gesellschaft leiden unzählige Menschen unter Einsamkeit. Wir versuchen, unsere Gefühle der Leere zu vertuschen, indem wir Dinge konsumieren oder indem wir ständig mit anderen in Verbindung sein wollen. Die Technologie liefert uns dafür viele Hilfsmittel, und doch fühlen wir uns weiterhin einsam. Vielleicht verbringen wir den ganzen Tag damit, Verbindungen herzustellen – wir checken viele Male unsere E-Mails, verschicken Texte, posten Texte, sehen uns Videos an –, ohne dass dies das Gefühl der Einsamkeit verringern würde. Wir alle suchen festen Boden unter den Füßen, unser wahres Zuhause, einen Ort, an dem wir uns sicher, behaglich, erfüllt und nicht mehr einsam fühlen. Aber wo ist unser Zuhause? Der Buddha sagte, dass die Heimat in uns selbst ist, dass es in uns eine friedliche Insel gibt, zu der wir mit achtsamem Atmen oder achtsamem Gehen zurückkehren können. Stellen Sie sich eine wunderschöne Insel vor, mit Bäumen, klaren Wasserläufen, Vögeln, Sonnenschein und frischer Luft. Ein Atemzug, ein Schritt ist alles, was wir brauchen, um uns im Hier und Jetzt zu Hause und wohl zu fühlen. Wenn wir auf diese Weise zu uns selbst zurückkehren und Zuflucht auf unserer inneren Insel suchen, werden wir zu einem Zuhause für uns selbst und gleichzeitig zu einem Zufluchtsort für andere.

DAS HERZSTÜCK DER PRAXIS

Meditation zu praktizieren ist in unserer Gesellschaft nicht einfach. Alles scheint uns von unserem wahren Selbst zu entfremden. Wir haben Zugang zu einer Vielzahl von Dingen, wie dem Internet, Videospielen und Musik, die dazu beitragen, dass wir uns von uns selbst entfernen. Meditation bietet uns die Gelegenheit, zu uns selbst zurückzukehren. Sie gibt uns die Möglichkeit, uns um unseren Körper und unseren Geist zu kümmern, bewusst zu sein, zu lächeln, zu atmen – nichts zu tun, einfach zu uns selbst zurückzukehren, um zu sehen, was in uns und um uns herum geschieht. Zuerst gönnen wir uns Zeit, die Spannungen in unserem Körper und unserem Geist zu lösen. Dann nehmen wir uns die Zeit, tief in uns selbst und in die Situation, in der wir uns befinden, hineinzuschauen.

MEDITATION IN DAS TÄGLICHE LEBEN BRINGEN

Wie können wir die Meditation aus der Meditationshalle in die Küche und ins Büro bringen? Wie können wir so üben, dass es keine Trennung mehr gibt zwischen Praxis und Nicht-Praxis? Ich habe eine Freundin, die in der Zeit zwischen Telefongesprächen aufmerksam dem Atem folgt, und das hilft ihr. Ein Freund macht zwischen seinen Geschäftsterminen Gehmeditation, achtsam geht er zwischen den Gebäuden in der Innenstadt von Denver einher, und deshalb verlaufen seine Meetings oft sehr angenehm und erfolgreich. Es ist also möglich, die Praxis aus der Meditationshalle in unseren Alltag zu bringen. Wenn wir das tun, wird Meditation zu einer Angelegenheit des täglichen Lebens.

VERGANGENHEIT, GEGENWART UND ZUKUNFT VERBINDEN

Achtsamkeit bedeutet, sich im gegenwärtigen Augenblick zu verankern, das bedeutet jedoch nicht, dass wir nicht aus der Vergangenheit lernen oder für die Zukunft planen könnten. Wenn wir vergangene Ereignisse in den gegenwärtigen Moment bringen und sie mit Achtsamkeit betrachten, lehrt uns das viel. Die Praxis der Achtsamkeit verleiht uns neue Augen, und wir können viel aus der Vergangenheit lernen. Wenn Sie wirklich im gegenwärtigen Augenblick verankert sind und die Zukunft zum Objekt Ihrer Achtsamkeit wird, können Sie sehen, was Sie im gegenwärtigen Augenblick tun können, damit eine solche Zukunft möglich wird. Der beste Weg, sich um die Zukunft zu kümmern, ist, sich um die Gegenwart zu kümmern, denn die Zukunft wird aus der Gegenwart gemacht.

WAHRE KOMMUNIKATION

Die Qualität unserer Kommunikation verbessert sich nicht unbedingt mit der Anzahl elektronischer Geräte. Die Kommunikation in Partnerschaften, zwischen Vater und Sohn und Mutter und Tochter ist sehr schwierig geworden. Sind wir nicht in der Lage, mit uns selbst in Kontakt zu sein, uns selbst zu verstehen, die Ursache unseres Leidens, unserer Angst und unserer Wut zu erkennen, wie können wir dann mit einer anderen Person kommunizieren? Kehren wir zu uns selbst zurück, kommen wir mit unserem Körper, unseren Gefühlen, Wahrnehmungen und unserem Leiden in Kontakt; wir entwickeln unsere Fähigkeit, uns selbst zuzuhören, und sind dann auch in der Lage, anderen zuzuhören.

GEHEN AUF FELDWEGEN

Ich gehe gern allein auf Wegen, die Felder säumen – Reispflanzen und wilde Gräser auf beiden Seiten, setze jeden Fuß achtsam auf die Erde und weiß, dass ich auf der wundervollen Erde gehe. In solchen Momenten wird das Dasein selbst zu einer wundersamen und geheimnisvollen Realität.

DAS WAHRE WUNDER BESTEHT DARIN, AUF DER ERDE ZU GEHEN

Die Menschen betrachten das Gehen auf dem Wasser oder in dünner Luft gewöhnlich als ein Wunder. Aber ich glaube, das wahre Wunder besteht darin, auf der Erde zu gehen. Jeden Tag erleben wir Wunder, die wir nicht einmal erkennen: den blauen Himmel, weiße Wolken, grüne Blätter, die neugierigen Augen eines Kindes – unsere eigenen Augen. Alles ist ein Wunder.

ACHTSAMES GEHEN

Achtsam zu gehen ist eine Kunst. Wenn wir bei unseren Schritten und unserem Atem wirklich präsent sind, beruhigt sich unser Geist und wir fühlen uns friedvoll. Dieser Zustand ermöglicht uns viele Einsichten; wir sehen die Dinge klarer. Plötzlich scheinen auch unsere Probleme nicht mehr so schlimm zu sein, unser Leiden ist weniger intensiv, und wir beginnen, die Wunder des Lebens um uns herum wahrzunehmen – die Schönheit der Bäume und Blumen, den Gesang der Vögel.

WENN WIR ETWAS TIEF BERÜHREN, BERÜHREN WIR ALLES

Wenn ich in unserem Plum-Village-Praxiszentrum bin, ist mir bewusst, dass ich mit den Füßen auf französischem Boden stehe. Ich bin mir auch bewusst, dass Frankreich mit dem Rest Eurasiens verbunden ist. Ein solches Gewahrsein verwandelt den Ort, wo Sie stehen, in einen Ort, der die ganze Erde umfasst. Wenn Sie Gehmeditation praktizieren und sich bewusst werden, dass Sie Schritte auf dem schönen Planeten Erde machen, wird Sie das von verengten, begrenzten Ansichten befreien. Mit jedem Schritt berühren Sie die ganze Erde, und mit diesem Gewahrsein befreien Sie sich von vielen Leiden und falschen Sichtweisen. Wenn Sie etwas mit tiefem Gewahrsein berühren, berühren Sie alles.

INTERSEIN

»Intersein« bedeutet, dass nichts aus sich selbst existieren kann, sondern nur in wechselseitiger Abhängigkeit mit allem anderen. Nehmen wir an, wir betrachten eine Rose, achtsam und konzentriert. Schon bald werden wir entdecken, dass eine Rose nur aus Nicht-Rosen-Elementen besteht. Was sehen wir in der Rose? Wir sehen die Wolke, den Regen, den Sonnenschein, die Erde, die Mineralien, den Gärtner. Wenn wir die Nicht-Rosen-Elemente entfernen würden, gäbe es keine Rose mehr. Eine Rose kann nicht für sich allein existieren. Eine Rose »inter-ist« mit dem ganzen Kosmos. Wir können unser tägliches Leben so leben, dass wir alles im Licht des Interseins sehen. Dann werden wir unsere Verbundenheit, unsere Freude, aber auch unser Leid überall sehen.

WIR SIND ALLE VONEINANDER ABHÄNGIG UND BEDINGEN EINANDER

Wenn wir die Erde und uns selbst genau betrachten, erkennen wir, dass wir Menschen nur aus nichtmenschlichen Elementen bestehen. Wenn wir in unseren Körper schauen, erblicken wir Mineralien, Tiere, Pflanzen und andere Elemente. Wir können die gesamte Entwicklung des Lebens und der menschlichen Spezies sehen. Würden wir die nichtmenschlichen Elemente entfernen, würden wir Menschen verschwinden. Um die Menschheit zu schützen, müssen wir also die nichtmenschlichen Elemente schützen.

DAS EINE ENTHÄLT ALLES

Wenn ich tief in die Gegenwart blicke, kann ich die Vergangenheit und die Zukunft berühren. Meine Vorfahren leben in mir weiter und sind in jeder Zelle meines Körpers gegenwärtig. Ich kann mit all meinen Nachkommen in Berührung sein, weil die zukünftigen Generationen bereits in mir präsent sind. Jeder achtsame Schritt, gefestigt und in Frieden und Freiheit getan, nährt sowohl mich als auch meine Vorfahren in mir und unzählige Generationen von Nachkommen, die darauf warten, sich zu manifestieren. Wir praktizieren Achtsamkeit und kümmern uns um die Gesundheit unseres Körpers und unseres Bewusstseins, nicht nur für uns selbst, sondern auch für unsere Vorfahren, unsere Eltern, künftige Generationen, die Gesellschaft und die Welt.

NICHT-SELBST

Die Meditationspraxis hilft uns, die Verbundenheit und die wechselseitige Abhängigkeit von allem, was ist, zu erkennen. Kein Phänomen, weder menschlich noch von anderer Art, kann aus sich selbst heraus entstehen und unabhängig fortbestehen. Jedes Phänomen hängt von einem anderen ab, damit es entstehen und existieren kann. Diese Einsicht über die Natur von Intersein, Nicht-Selbst, bedeutet, dass es keine getrennte, dauerhafte Entität gibt, einschließlich uns selbst; auch wir sind wechselseitig voneinander abhängig und mit allem verbunden, »inter-sind«.

DER GLOCKE LAUSCHEN

Als ich ein junger Mönch in Vietnam war, hatte jeder Dorftempel eine große Glocke, ähnlich denen in europäischen Kirchen. Wann immer die Glocke eingeladen wurde zu erklingen, hörten alle Dorfbewohner mit dem auf, was sie gerade taten, und atmeten ein paar Augenblicke lang achtsam ein und aus. In Plum Village, meiner Gemeinschaft in Frankreich, tun wir das auch. Wir hören die Glocken dort viele Male am Tag – Glocken in der Meditationshalle und Glocken, die uns zu Aktivitäten rufen –, kehren jedes Mal zu uns selbst zurück und genießen unser Atmen. Wenn wir einatmen, sagen wir still: »Höre, höre«, und wenn wir ausatmen, sagen wir: »Dieser wunderbare Klang bringt mich zurück zu meinem wahren Zuhause.« Unser wahres Zuhause ist der gegenwärtige Moment.

BEI ROT ANHALTEN

Wenn wir eine rote Ampel oder ein Stoppschild sehen, können wir lächeln und uns bedanken, weil sie uns dabei helfen, uns wieder mit uns selbst und dem gegenwärtigen Moment zu verbinden. Die rote Ampel ist eine Glocke der Achtsamkeit. Vielleicht haben wir gedacht, sie würde uns daran hindern, unser Ziel schneller zu erreichen. Doch in Wirklichkeit hilft sie uns, der Eile zu widerstehen, und ruft uns auf, zum gegenwärtigen Moment zurückzukehren, in dem wir dem Leben und dem Frieden begegnen können. Wenn Sie das nächste Mal im Stau stehen, kämpfen Sie nicht dagegen an. Lehnen Sie sich zurück und lächeln Sie sich selbst zu, dann werden Sie den gegenwärtigen Augenblick genießen und alle, die mit Ihnen im Auto sitzen, entspannt und glücklich machen.

GLOCKEN DER ACHTSAMKEIT

Mit der Zeit können wir uns unsere eigenen »Glocken der Achtsamkeit« suchen – ein Klang oder eine sich wiederholende tägliche Aktivität, die uns daran erinnert, zu unserem bewussten Atmen zurückzukehren. Es könnte ein Stoppschild sein, die ersten drei Klingeltöne des Telefons, eine Treppe hinauf- oder hinuntergehen, das Öffnen oder Schließen der Tür oder den Weg bis zur Haustür gehen. Sie können sich auch eine Glocke der Achtsamkeit auf Ihren Computer herunterladen, die dann bei Ihrer Arbeit ab und zu erklingt. Wir können all dies als Gelegenheiten nutzen, uns daran zu erinnern, innezuhalten und zu unserem Körper und zum gegenwärtigen Moment zurückzukehren.

IN UNSERE EINSIEDELEI ZURÜCKKEHREN

An einem Morgen, an dem nach einem Regenschauer die Sonne hervorgekommen war, beschloss ich, den Tag im Wald in der Nähe meiner Einsiedelei zu verbringen. Bevor ich mich auf den Weg machte, öffnete ich die Fenster und Türen, damit die Sonne alles trocknen konnte. Aber am Nachmittag änderte sich das Wetter. Es wurde windig, und dunkle Wolken zogen auf. Ich erinnerte mich, dass ich alles offen gelassen hatte, und kehrte sofort nach Hause zurück. Als ich ankam, war meine Einsiedelei in einem schrecklichen Zustand. Es war kalt und dunkel drinnen, und meine Papiere waren über den ganzen Boden verstreut. Zuerst schloss ich alle Fenster und Türen. Dann zündete ich eine Lampe an und machte ein Feuer im Kamin. Und schließlich hob ich die Papiere vom Boden auf, legte sie auf den Tisch und beschwerte sie mit einem Stein.

Nun gab es Licht und Wärme. Ich saß am Feuer und lauschte dem Wind. Ich war mir meiner Ein- und Ausatmung bewusst, und ich fühlte mich sehr zufrieden. Es gibt Momente in unserem täglichen Leben, in denen wir uns elend, leer und kalt fühlen, und es scheint, dass alles schiefläuft. Wir denken: »Das ist nicht mein Tag.« Genau so war meine Einsiedelei an diesem Tag. Das Beste, was man in solchen Momenten tun kann, ist, zu sich selbst zurückzukehren, auf die eigene innere Insel, in die eigene Einsiedelei, die Fenster und Türen zu schließen, eine Lampe anzuzünden und ein Feuer zu machen. Das bedeutet, dass Sie innehalten und nicht mehr geschäftig herumlaufen, grübeln oder reden. Sie kehren zu sich selbst zurück, zurück in Ihre Einsiedelei, und werden eins mit Ihrem Atem.

UNSERE EINSIEDELEI IST IN UNS

Jeder und jede von uns hat eine Einsiedelei, in die wir uns begeben können – ein Ort, zu dem wir Zuflucht nehmen und an dem wir atmen können. Das bedeutet nicht, dass wir uns von der Welt abschotten, sondern dass wir mit uns selbst in Berührung kommen. Die Atmung ist eine gute Möglichkeit, das zu tun. Wir beginnen damit, unsere Atmung wahrzunehmen. Mit dem Einatmen können wir sagen: »Ich atme ein und bin im gegenwärtigen Augenblick«, und mit dem Ausatmen: »Ich atme aus; dies ist ein wundervoller Augenblick.« Wenn wir dies wiederholen, können wir die Worte »gegenwärtiger Augenblick« bei der Einatmung und »wundervoller Augenblick« bei der Ausatmung verwenden. Dadurch wird unsere Einsiedelei behaglicher und friedvoller und unser Kontakt mit der Welt angenehmer.

DAS TELEFON

Ein Telefon ist ein äußerst bequemes Kommunikationsmittel. Es erspart uns Reisezeit und -kosten und verbindet uns miteinander. Aber es kann uns auch tyrannisieren. Wenn wir ohne Achtsamkeit viel Zeit am Telefon verbringen, verschwenden wir kostbare Zeit und Energie; wir verlieren uns selbst und werden nicht viel vollbringen können. Viele von uns sind Opfer ihres eigenen Telefons.

Wenn Ihr Telefon klingelt, können Sie zunächst einmal achtsam atmen und zu sich selbst zurückkehren, bevor Sie drangehen. Denken Sie daran, dass Sie Ihr eigener Herr, Ihre eigene Herrin sind. Sagen Sie zu sich selbst:

> Ich atme ein und beruhige meinen Körper.
> Ich atme aus und lächle.

Bevor wir selbst einen Anruf tätigen oder einen Text verfassen, können wir zunächst achtsam atmen und diesen Vers rezitieren:

Worte können Tausende von Kilometern zurücklegen.
Mögen meine Worte gegenseitiges Verstehen und
Liebe schaffen.
Mögen sie so schön wie Edelsteine sein,
so schön wie Blumen.

Es gibt viele Möglichkeiten, anderen in genau diesem Augenblick Glück zu bringen. Wir können damit beginnen, indem wir freundlich mit ihnen sprechen. Die Art und Weise, wie wir mit anderen sprechen, kann ihnen Selbstvertrauen, Hoffnung und Zuversicht geben. Achtsames Sprechen ist eine tiefe Praxis. Wenn wir unsere Worte sorgfältig wählen, können wir andere Menschen glücklich machen.

UNS SELBST ZUHÖREN

Die Achtsamkeit beim Zuhören und Sprechen kann uns helfen, eine brachliegende Kommunikation wiederherzustellen. Wir beginnen damit, indem wir zu uns selbst nach Hause kommen und einfach nur wahrnehmen, das heißt, wir hören den Gedanken und Emotionen, die in uns aufsteigen, zu, ohne sie zu werten, und dann lassen wir sie passieren, ohne an ihnen festzuhalten. Wir können lernen, unserem eigenen Leiden zuzuhören. Wir sollten nicht versuchen, uns selbst zu entfliehen oder unangenehme oder unbehagliche Gefühle zu verdecken. Wir sind da für uns, um uns selbst, unser Leiden und unsere Schwierigkeiten zu verstehen und zu verwandeln. Bevor wir einem anderen Menschen zuhören können, müssen wir erst einmal Zeit darauf verwenden, uns selbst zuzuhören.

GLÜCK UND LEID BEDINGEN EINANDER

Glück zu genießen bedeutet nicht, dass wir nicht auch Leid erleben. Die größte Not unserer modernen Kultur besteht darin, dass wir nicht wissen, wie wir mit unserem inneren Leiden umgehen sollen. Also versuchen wir, es durch alle möglichen Konsumweisen zu überdecken; und der Markt ist voller Waren, mit denen wir uns ablenken können. Solange wir nicht in der Lage sind, uns unserem Leiden zu stellen, sind wir für das Leben nicht verfügbar, und das Glück wird uns entgehen. Die Kunst des Glücklichseins ist auch die Kunst, gut zu leiden. Wenn wir lernen, unser Leiden anzuerkennen, zu umarmen und zu verstehen, leiden wir viel weniger. Eines der schwierigsten Dinge für uns zu akzeptieren ist, dass kein Ort existiert, an dem es nur Glück und kein Leiden gibt. Wenn wir uns ausschließlich auf das Streben nach Glück konzentrieren, sehen wir das Leiden vielleicht nur als etwas an, das unserem Glück im Wege steht.

Die Praxis der Achtsamkeit, unsere Fähigkeit, im gegenwärtigen Augenblick zu verweilen, ist der beste Weg, mit unserem Leiden zu sein, ohne dass es uns überwältigt. Sind wir unseres Ein- und Ausatmens gewahr, so erzeugen wir die Energie der Achtsamkeit und kümmern uns um unser Leiden, indem wir es erkennen, annehmen und zärtlich umarmen. Achtsamkeit nimmt uns die Angst vor dem Schmerz, und wir können die Energie des Verstehens und des Mitgefühls schaffen, die uns selbst und andere heilt und glücklich macht.

SORGEN LINDERN

Einige von uns neigen dazu, sich häufig Sorgen zu machen, auch wenn wir wissen, dass das nicht hilfreich ist. Wenn wir uns Sorgen machen, sind wir nicht in der Lage, mit den Wundern des Lebens in Berührung zu kommen oder glücklich zu sein. Wenn sorgenvolle Gedanken in uns aufkommen, sollten wir deshalb wissen, wie wir damit umgehen – friedlich, gewaltfrei und mit Zärtlichkeit. Wir können sagen: »Hallo, meine kleine Sorge, ich weiß, dass du da bist. Ich höre dich, und ich werde mich gut um dich kümmern.« Mit der Energie der Achtsamkeit erkennen und umarmen wir unsere Sorge, unsere Unruhe, unsere Angst und unsere Wut so zärtlich, wie wir ein weinendes Baby halten und beruhigen würden, das traurig, wütend oder ängstlich ist.

LASSEN SIE SICH NICHT TÄUSCHEN

Das Gefühl der Einsamkeit ist universal. Oft gibt es wenig echte Verständigung zwischen uns und anderen, sogar innerhalb von Familien ist das so. Aus einem Gefühl von Einsamkeit gehen wir manchmal vorschnell sexuelle Beziehungen ein. Wir glauben, dass wir uns dadurch weniger einsam fühlen, aber das ist ein Irrtum. Wir sollten uns nicht täuschen lassen. Ohne ausreichende Verständigung mit einem anderen Menschen auf der Ebene des Herzens und des Geistes werden beide Beteiligte durch eine sexuelle Beziehung nur leiden, und die Kluft zwischen uns und dem anderen wird sich vergrößern. Am Ende werden wir uns noch einsamer fühlen.

ANHAFTUNG ERKENNEN UND TRANSFORMIEREN

Wenn ein Vater denkt, dass er seinen Sohn »besitzt«, oder wenn eine Person in einer Beziehung die andere kontrolliert, wird die Liebe zu einem Gefängnis, und der Fluss des Lebens gerät ins Stocken. Ohne Achtsamkeit wird Anhaftung zur Abneigung. Sowohl Anhaftung als auch Abneigung führen zu Leid. Schauen Sie tief, um das Wesen Ihrer Liebe und den Grad Ihrer Anhaftung zu erkennen. Dann können Sie damit beginnen, die Knoten zu entwirren. Die Saat wahrer Liebe ist bereits in uns. Wenn wir tief schauen, schrumpfen die Samen des Leidens und der Anhaftung und die positiven Samen wachsen. Und unsere Liebe wird weitherzig und allumfassend sein.

UNSEREM INNEREN KIND ZUHÖREN

Wir alle haben ein verletztes Kind in uns, dem man zuhören muss. Wenn wir achtsam sind, werden wir die Stimme des Kindes hören, das um Hilfe ruft. Kehren Sie zu sich zurück und umarmen Sie das verletzte Kind zärtlich. Sie können direkt mit dem Kind in der Sprache der Liebe sprechen: »In der Vergangenheit habe ich dich alleingelassen. Das tut mir sehr leid. Ich weiß, dass du leidest. Ich habe dich vernachlässigt. Jetzt bin ich für dich da. Ich werde mein Bestes tun, um mich gut um dich zu kümmern.« Sie können mit Ihrem verletzten Kind weinen. Wann immer es nötig ist, sitzen und atmen Sie mit dem Kind. »Einatmend bin ich für dich da. Ausatmend werde ich mich gut um dich kümmern.« Sprechen Sie mehrmals am Tag mit Ihrem Kind, und es wird eine Heilung stattfinden. Hören Sie Ihrem inneren Kind genau zu. Wenn Sie einen schönen Berg besteigen oder den Sonnenuntergang betrachten, laden Sie Ihr inneres Kind ein, dies mit Ihnen zu genießen. Wenn Sie die Gegenwart tief berühren, können Sie die Vergangenheit heilen.

Unser verletztes Kind repräsentiert vielleicht mehrere Generationen. Unsere Eltern und Vorfahren wussten möglicherweise nicht, wie sie sich um ihr verletztes Kind kümmern sollten, und so haben sie es vielleicht an uns weitergegeben. Unsere Praxis ist es, diesen Kreislauf zu beenden. Wenn wir unser verwundetes Kind heilen, befreien wir uns selbst. Wir können allmählich erkennen, dass diejenigen, die uns verletzt haben, selbst Opfer von Missbrauch waren und ihr eigenes Leiden nicht verwandelt haben. Wenn wir mit unserem inneren Kind praktizieren, vermindert das unser Leiden und führt zu Transformation.

ANDEREN ZUHÖREN

Der wirksamste Weg, einem anderen Menschen Mitgefühl zu zeigen, ist, ihm zuzuhören. Sobald wir wissen, wie wir unserem eigenen Leiden mit Mitgefühl zuhören können, vermögen wir auch, jemand anderem mit demselben Mitgefühl zuzuhören, und unser Zuhören ist wie eine Salbe für seine Wunden. Wir hören nur mit einem einzigen Ziel zu: Wir möchten der anderen Person die Chance geben, das auszusprechen, was sie auf dem Herzen hat. Wir unterbrechen sie dabei nicht, noch versuchen wir, sie zu korrigieren. Wenn wir das Leiden der anderen Person sehen und verstehen, erweckt dies in unserem Herzen Mitgefühl, und wir machen sie nicht länger für ihr Verhalten verantwortlich. Wir helfen, indem wir tief zuhören, mit Mitgefühl und ohne zu urteilen.

MIT AUFMERKSAMKEIT ZUHÖREN

Wann immer ich mit einem Freund spreche, lausche ich mit meiner ganzen Aufmerksamkeit seinen Worten und achte auf seinen Tonfall. So höre ich seine Sorgen, Träume und Hoffnungen. Es ist nicht leicht, so tief zuzuhören, dass wir immer alles verstehen, was die andere Person uns zu sagen versucht, aber wir alle können diese Fähigkeit entwickeln.

INNERE KNOTEN LÖSEN

Einige von uns können nicht an den eigenen Vater oder die eigene Mutter denken, ohne Wut oder Trauer zu empfinden. Das Leid, das wir als Kinder erlebt haben, hat sich in unserem Bewusstsein zu dicken Knoten aus Schmerz, Wut und Frustration verdichtet, die unsere Freiheit behindern. Diese inneren Knoten haben die Macht, uns zu dominieren und unser Verhalten zu bestimmen. Jeder von uns hat solche inneren Knoten, und um sie müssen wir uns kümmern. Durch die Praxis der Meditation können Sie die Knoten und gewohnheitsmäßigen Verhaltensweisen auflösen. Sie erfahren Transformation und Heilung für sich selbst und für Ihre spannungsreichen oder zerbrochenen Beziehungen. Auf diese Weise werden Sie Ihr Leiden nicht an die nächste Generation weitergeben.

VERSÖHNUNG PER TELEFON

In den Retreats, die wir anbieten, werden am vierten Tag alle Teilnehmenden aufgefordert, das neu Erfahrene anzuwenden, um die Verständigung mit jemandem wiederherzustellen. Viele von uns haben sich von einem Familienmitglied entfremdet; vielleicht sind Sie wütend auf Ihren Vater und wissen nicht, was Sie ihm sagen sollen. Jetzt haben Sie ein paar Tage lang geübt, sich mit Ihrem eigenen Leiden und dem Leiden des anderen auseinanderzusetzen. Wenn Sie beide am Retreat teilnehmen, ist es viel einfacher, weil Sie die gleichen Belehrungen gehört und auch beide geübt haben. Wenn die betreffende andere Person aber zu Hause ist, können Sie sie anrufen. Üben Sie achtsames Atmen und Gehen, damit Sie ruhig sind. Nach drei oder vier Tagen des Übens hat sich in Ihnen eine Verwandlung vollzogen, und wenn Sie die Nummer wählen und die Stimme des anderen hören, werden Sie plötzlich sehen, dass Sie in der Lage sind, tief zuzuhören und die Sprache der liebevollen Güte zu verwenden. »Papa, ich weiß, dass du viele Jahre lang sehr gelitten hast, und dennoch war ich nicht in der Lage, dir zu helfen. Ich habe die Situation nur noch schlimmer gemacht. Ich war hartnäckig und wütend, weil ich deine Schwierigkeiten nicht verstanden habe. Es war nicht meine Absicht, dich leiden zu lassen. Bitte erzähle mir von dir, von deinem Leiden und deinen Schwierigkeiten.« Wenn Sie so sprechen, wird sich das Herz der anderen Person öffnen, die Kommunikation wird wiederhergestellt und Heilung wird möglich. Versöhnung ist in jeder Beziehung möglich, auch zwischen Konfliktparteien oder Nationen.

VERSÖHNUNG FINDET INNEN STATT

Einmal schrieb mir jemand: »Ich habe in der Vergangenheit Fehler gemacht. Jetzt möchte ich mich mit meiner Tochter versöhnen. Aber jedes Mal, wenn ich ihr schreibe und sie bitte, sich mit mir zu treffen, lehnt sie das ab. Was kann ich tun?« Vielleicht sind Sie der Meinung, dass eine Versöhnung nur durch ein Treffen mit der betreffenden anderen Person möglich ist. Doch in Wirklichkeit findet Versöhnung in uns selbst statt. Die Verantwortung für unser Handeln zu übernehmen ist der erste Schritt. Wenn Sie Ihre Unwissenheit und Ihre Unzulänglichkeiten akzeptieren können, werden Mitgefühl und Einsicht in Ihrem Herzen geboren. Mit innerer Versöhnung werden Frieden und Liebe möglich. Wenn Sie Frieden und Liebe verkörpern, können Sie die Situation leichter ändern.

DIE VIER MANTRAS

Die vier Mantras sind magische Formeln, die wir im täglichen Leben üben und anwenden können. Sie helfen uns, uns mit anderen, insbesondere mit unseren Lieben, zu verbinden. Ein Mantra hat die Kraft, die Situation zu verändern – aber es funktioniert nur, wenn wir wirklich präsent und für die andere Person verfügbar sind.

Das erste Mantra lautet: »Ich bin für dich da.« Das größte Geschenk, das wir anderen machen können, ist unsere wirkliche Präsenz. Dadurch entsteht eine echte Verbindung.

Das zweite Mantra lautet: »Ich weiß, dass du da bist, und darüber bin ich sehr glücklich.« Wirklich präsent zu sein und zu wissen, dass der oder die andere auch da ist, ist ein Wunder. Wenn Sie wirklich da sind, sind Sie in der Lage, die Gegenwart des anderen zu erkennen und wertzuschätzen – den Vollmond, die Magnolienblüten oder den Menschen, den Sie lieben.

Das dritte Mantra lautet: »Liebste/r, ich weiß, dass du leidest.« Wenn Sie achtsam sind, bekommen Sie mit, wenn die Person, die Sie lieben oder sehr mögen, leidet. Allein Ihre Anwesenheit wird viel von ihrem Leiden lindern.

Das vierte Mantra ist das schwierigste. Sie wenden es an, wenn Sie selbst leiden und der Meinung sind, die andere Person habe Ihr Leiden verursacht: »Ich leide. Bitte hilf mir.« Viele Menschen können dies nicht sagen, weil sie zu stolz dafür sind. In der wahren Liebe gibt es keinen Platz für Stolz. Wenn die andere Person Ihre Worte hört, kommt sie zu sich selbst zurück und schaut tief in sich hinein. Dann werden Sie beide in der Lage sein, die Dinge zu klären, falsche Wahrnehmungen loszulassen und sich zu versöhnen.

DIE EINSICHT IN NICHT-SELBST

Wenn ich kalligrafiere, lade ich manchmal meine Mutter, meinen Vater oder meine Vorfahren dazu ein. Obwohl sie bereits verstorben sind, kalligrafieren wir zusammen; ich berühre dabei die Einsicht in Nicht-Selbst, und dadurch wird es zu einer tiefen Meditationspraxis. Die Meditation, die Arbeit, die Freude und das Leben werden eins. Wenn ich gehe, gehe ich für meinen Vater. Wenn ich gehe, gehe ich für meine Mutter. Ich gehe für meinen Lehrer. Ich gehe für meine Schülerinnen und Schüler. Vielleicht wusste Ihre Mutter oder Ihr Vater nie, wie man achtsam geht und jeden Augenblick und jeden Schritt genießt. Wir können also in Achtsamkeit für sie gehen, und wir alle werden davon profitieren.

ZWEI HÄNDE EINES KÖRPERS

Eines Tages wollte ich ein Bild an die Wand hängen. Meine linke Hand hielt einen Nagel und meine rechte Hand einen Hammer. Ich war nicht sehr aufmerksam, und statt auf den Nagel zu schlagen, traf ich einen meiner Finger. Die rechte Hand legte sofort den Hammer nieder und kümmerte sich um die linke, als ob sie sich um sich selbst kümmern würde. Meine rechte Hand betrachtet das Leiden meiner linken Hand als ihr eigenes Leiden. Meine linke Hand sagte nicht: »Rechte Hand, gib mir den Hammer. Ich will Gerechtigkeit!« In meiner linken Hand steckt die Weisheit der Nicht-Unterscheidung. Wenn wir über diese Art von Weisheit verfügen, leiden wir nicht. Meine linke Hand kämpft nie gegen meine rechte. Beide Hände genießen ihre Harmonie und ihr Verstehen.

MORGENDLICHER SPAZIERGANG

Jeden Morgen, nach dem Aufwachen und Anziehen, verlasse ich meine Hütte und mache einen Spaziergang. Meistens ist der Himmel noch dunkel, und ich gehe mit Sanftheit, der Natur um mich herum und der verblassenden Sterne gewahr. Eines Morgens, als ich nach dem Spaziergang zu meiner Hütte zurückkam, schrieb ich: »Ich bin in Mutter Erde verliebt.« Ich war so aufgeregt wie ein verliebter junger Mann. An die Erde denke ich mit folgendem Gedanken: »Ich gehe hinaus in die Natur, genieße alles Schöne, genieße all ihre Wunder«, und mein Herz ist voller Freude. Die Erde gibt mir so viel. Ich bin so verliebt in sie. Es ist eine wundervolle Liebe; es gibt darin keinen Betrug. Wir vertrauen der Erde unser Herz an, und sie vertraut sich uns an, mit ihrem ganzen Wesen.

EINEN ALTAR ERRICHTEN

Auf dem Altar in meiner Einsiedelei in Frankreich befinden sich Bilder von Buddha und Jesus, und jedes Mal, wenn ich Weihrauch anzünde, bin ich mit beiden als meinen spirituellen Vorfahren in Kontakt. Wenn Sie jemanden berühren, der eine Tradition authentisch repräsentiert, berühren Sie nicht nur dessen Tradition, sondern auch Ihre eigene. Vielleicht möchten Sie auf einem Bücherregal oder Tisch einen eigenen Altar errichten, mit frischen Blumen, Kieselsteinen oder etwas Schönem, das Sie in der Natur gefunden haben. Vielleicht fügen Sie ein oder zwei Fotos von verstorbenen Familienmitgliedern bei, um deren Gegenwart in Ihrem Leben lebendig zu halten. In Vietnam und anderen ostasiatischen Ländern gibt es in jedem Haus einen Familienaltar. Wann immer ein wichtiges Ereignis in der Familie ansteht, wie die Geburt eines Babys oder die Einschulung eines Kindes, bieten wir Weihrauch dar und verkünden unseren Vorfahren die Neuigkeiten. Kehren wir nach einer langen Reise nach Hause zurück, bringen wir als Erstes unseren Vorfahren Weihrauch dar und lassen sie wissen, dass wir zu Hause sind. Ein Altar zu Hause ist eine Möglichkeit, mit der Natur, unseren Vorfahren und unserer spirituellen Linie verbunden zu bleiben, ihnen Respekt zu zollen und sie in uns lebendig zu halten.

JEDE SEKUNDE IST EIN JUWEL

Jede Sekunde trägt viele Juwelen in sich, und jede Minute, jede Sekunde ist selbst ein Juwel. Wenn wir das Juwel dieser Sekunde anschauen, sehen wir den Himmel, die Erde, die Bäume, die Hügel, den Fluss und den Ozean – so schön! Lassen Sie uns zutiefst jeden Augenblick, der uns zum Leben geschenkt wird, gut nutzen.

UNSERE VERBINDUNG MIT DER ERDE

Die Erde reinigt und erquickt. Was auch immer wir auf die Erde werfen oder schütten – duftende Blumen, Urin oder Exkremente –, die Erde macht keinen Unterschied. Sie nimmt alles auf, ob es nun rein oder unrein ist, und verwandelt es. Wir Menschen haben der Erde durch viele verantwortungslose Dinge sehr geschadet, und doch bestraft sie uns nicht. Sie bringt uns ins Leben, und sie nimmt uns wieder in sich auf, wenn wir sterben. Wenn wir tief schauen und diese Verbindung zur Erde spüren, werden wir für sie Bewunderung, Liebe und Respekt empfinden. Verstehen wir, dass die Erde so viel mehr ist als nur die Umwelt, motiviert uns das, sie so zu schützen, als ob wir uns selbst schützen würden. Sie ist wir, und wir sind sie.

DIE SONNE, MEIN HERZ

Das Herz in meinem Körper ist nicht mein einziges Herz. Die Sonne am Himmel ist auch mein Herz. Wenn mein eigenes Herz versagt, sterbe ich auf der Stelle. Hört die Sonne auf zu scheinen, versiegt der Strom des Lebens, und auch ich würde sterben. Die Sonne ist unser Herz außerhalb unseres Körpers. Sie gibt allem Leben auf der Erde das Licht und die Wärme, die für das Dasein notwendig sind. Die Pflanzen leben dank der Sonne. Dank der Pflanzen können wir und andere Tiere leben. Wir alle – Menschen, Tiere, Pflanzen und Mineralien – erhalten Nahrung von der Sonne, direkt und indirekt. Wenn wir dies verstehen, ist es einfach für uns, die Dualität von Selbst und Nicht-Selbst zu transzendieren und zu erkennen, dass wir die Umwelt sind.

GLÜCK IST KEINE INDIVIDUELLE ANGELEGENHEIT

Ich weiß von einem kleinen Jungen, der am Tag vor seinem Geburtstag – er war elf oder zwölf Jahre alt – von seinem Vater gefragt wurde: »Was wünschst du dir zum Geburtstag? Ich kaufe dir alles, was du willst.« Aber den Jungen beeindruckte das überhaupt nicht. Er wusste, dass sein Vater es sich leisten konnte, ihm alles zu kaufen, aber er wollte nicht noch mehr Dinge haben. Ihn machte es unglücklich, dass sein Vater immer so beschäftigt war und selten Zeit zu Hause verbrachte. Nach einigen Augenblicken sagte er: »Papa, was ich will, bist du!« Was sich Kinder am meisten wünschen, ist, dass die Menschen, die sie lieben, für sie da sind. Wenn sein Vater diesen Wunsch verstehen könnte, würde er zweifellos einige Minuten lang achtsames Atmen oder Gehen üben, alle seine Projekte ruhen lassen und für seinen Sohn da sein. Niemand ist ein eigenständiges, unabhängiges Selbst. Vater und Sohn sind nicht völlig getrennte Realitäten. Der Vater existiert im Sohn, und der Sohn existiert im Vater. Der Sohn ist die Fortführung des Vaters in der Zukunft, und der Vater ist die

Fortführung des Sohnes zurück bis zur Quelle. Wenn der Sohn nicht glücklich ist, kann der Vater nicht glücklich sein, und wenn der Vater nicht glücklich ist, gibt es keine Möglichkeit, dass der Sohn glücklich sein kann. Ihr Glück ist tief miteinander verbunden. Glück ist keine individuelle Angelegenheit.

VERSTEHE ICH DICH GUT GENUG?

Liebevolles Sprechen und tiefes Zuhören sind wunderbare Methoden, um die Tür der Kommunikation mit geliebten Menschen zu öffnen. Als Eltern sollten wir mit unseren Kindern nicht in der Sprache der Autorität, sondern in der Sprache der Liebe und des Verstehens kommunizieren. Nur dann werden sie uns ihre Schwierigkeiten, Leiden, Ängste und Träume anvertrauen. Das wird uns helfen, sie besser zu verstehen und sie noch mehr zu lieben. Sie können sich neben Ihr Kind, Ihre Partnerin oder Ihren Freund setzen und fragen: »Glaubst du, dass ich dich gut genug verstehe – deine Schwierigkeiten, dein Leiden, deine Träume und tiefsten Sehnsüchte? Bitte sag es mir. Ich möchte dir kein Leid bereiten. Wenn ich dich noch nicht wirklich verstehe, dann hilf mir bitte dabei.«

DIE WEISHEIT DER NICHT-UNTERSCHEIDUNG

Einmal fragte mich ein junger Mensch: »Warum geben wir verschiedenen Dingen unterschiedliche Namen, wenn sie doch wirklich zusammen, wirklich eins sind?« Das ist eine sehr gute Frage. Ich antwortete, dass Benennungen die Wurzel so vieler Probleme sind. Wir geben Orten unterschiedliche Namen, wie Nordamerika, Iran und Irak. Aber in Wirklichkeit gehören sie alle zur Erde. Israel und Palästina sind zwei Hände desselben Körpers. Man muss für das Überleben der anderen Seite arbeiten, wenn man selbst überleben will. Überleben bedeutet das Überleben der Menschheit als Ganzes, nicht nur eines Teils davon. Nur wenn wir die Weisheit der Nicht-Unterscheidung berühren, werden wir alle überleben können.

ESSEN IN ACHTSAMKEIT

Wann immer wir in Achtsamkeit essen, verbinden wir uns tiefer mit unserem Planeten. Mit der Erde in Berührung zu sein ist das, was unser Leiden, unsere Depressionen und Krankheiten heilen wird. Wenn wir ein Stück Brot mit Achtsamkeit essen, sehen wir die Erde, die Sonne, die Wolken, den Regen und die Sterne in unserem Brot. Ohne diese Elemente würde das Brot nicht existieren. Wir sehen, dass sich der gesamte Kosmos in diesem einen Stück Brot versammelt hat, um uns zu nähren.

TEE TRINKEN

Tee trinken ist eine wunderbare Möglichkeit, sich für die Kommunikation mit sich selbst Zeit zu nehmen. Wenn ich meinen Tee trinke, trinke ich einfach meinen Tee. Ich höre mit dem Denken auf und richte meine Aufmerksamkeit auf den Tee. Es gibt nur den Tee. Es gibt nur mich. Zwischen mir und dem Tee gibt es eine Verbindung. Ich atme ein, und ich bin mir bewusst, dass mein Einatmen da ist, ich bin mir bewusst, dass mein Körper da ist, und ich bin mir bewusst, dass der Tee da ist. Es ist wunderbar, Zeit zu haben, um Tee zu trinken, da zu sein, Körper und Geist zusammen, gegründet im Hier und Jetzt. Wenn Sie wirklich präsent sind, werden Sie real, und der Tee wird real.

BETEN

Vielleicht lassen sich alle Gebete auf unseren einfachen menschlichen Wunsch nach Glück und dem Gefühl der Verbundenheit mit anderen Menschen als auch mit etwas Größerem als uns selbst zurückführen. Ein Gebet, ob still, gesungen oder als Meditation, ist ein Weg für uns, um im gegenwärtigen Augenblick zu uns selbst zurückzukehren und den Frieden zu berühren, der da ist. Es ist gleichzeitig ein Weg, uns mit dem Universalen und Zeitlosen in Berührung zu bringen. Unser wahres Glück entsteht, wenn wir im gegenwärtigen Augenblick vollständig gewahr sind, gewahr unserer Verbindung zu allen Phänomenen im Universum.

WAHRE VERBINDUNG

Jedes Mal, wenn wir zu Fuß gehen, zum Beispiel von zu Hause zur Bushaltestelle oder vom Parkplatz zu Ihrem Arbeitsplatz, können wir uns dafür entscheiden, so zu gehen, dass jeder Schritt Freude, Frieden und Glück bringt. Wenn wir auf diese Weise gehen, fühlen wir uns mit uns selbst verbunden, mit der Erde unter unseren Füßen und mit jedem und allem um uns herum. Nicht weil wir ein Telefon haben, fühlen wir uns verbunden. Ich hatte noch nie ein Mobiltelefon, und doch habe ich mich noch nie von anderen getrennt gefühlt. Was uns verbindet, sind unser achtsamer Atem und unsere achtsamen Schritte. Wenn wir uns mit anderen verbinden wollen, brauchen wir nur Gehmeditation zu üben. Wenn wir in Frieden und Freiheit gehen, werden wir mit allem Leben verbunden sein.

KOLLEKTIVE PRAXIS

Meditation ist nicht länger das Werk Einzelner; Meditation sollte in unserer Zeit eine kollektive Praxis sein. Das ganze Land, die ganze Welt – wir alle – können gemeinsam meditieren und uns tief mit den wirklichen Fragen von Armut, Ausgrenzung und Verzweiflung auseinandersetzen.

SICH VERWURZELN

In der Regel sieht man Blätter als die Kinder eines Baumes an. Ja, sie sind Kinder des Baumes, geboren aus dem Baum, aber sie sind auch die Mütter des Baumes. Die Blätter nähren den Baum, indem sie Saft, Wasser und Mineralien mit Sonnenschein und Kohlendioxid verbinden. Auf diese Weise werden die Blätter zur Mutter des Baumes. Wir alle sind Kinder der Gesellschaft, aber wir sind auch die Mütter; wir müssen die Gesellschaft nähren. Wenn wir entwurzelt oder von der Gesellschaft abgekoppelt sind, können wir sie nicht in einen lebenswerteren Ort für uns und unsere Kinder verwandeln. Meditation ist keine Flucht aus der Gesellschaft. Sie ist eine Praxis, die uns helfen kann, uns stärker in der Gesellschaft zu verwurzeln, sodass das Blatt den Baum nähren kann.

FÜR SICH SELBST UND FÜREINANDER PRAKTIZIEREN

Ein Individuum besteht aus nicht-individuellen Elementen. Die Art von Leiden, die Sie im Herzen tragen, sind die Leiden der Gesellschaft. Wenn Sie meditieren, bringen Sie die Gesellschaft mit sich, Sie bringen uns alle mit. Sie meditieren nicht nur für sich selbst, sondern für die ganze Gesellschaft. Sie suchen nach Lösungen für Ihre Schwierigkeiten, nicht nur für sich selbst, sondern für uns alle.

EINE PRAXISGEMEINSCHAFT

Das Üben mit anderen bedeutet, sich gegenseitig zu unterstützen, und so wird die Praxis einfach. Im Buddhismus nennt man eine Praxisgemeinschaft Sangha. Unsere Familie kann zu einer Sangha werden. Wenn jeder und jede die Kunst des tiefen Zuhörens und liebevollen Sprechens erlernt, können wir unseren Arbeitsplatz, unsere Nachbarschaft, unsere Gemeindeverwaltung und sogar das Parlament zu einer Sangha machen. Teil einer solchen Gemeinschaft zu sein kann Gefühle der Isolation und Trennung heilen. Wir üben gemeinsam Achtsamkeit, sitzen zusammen, gehen zusammen spazieren, manchmal trinken wir vielleicht Tee, gärtnern oder essen Seite an Seite und waschen gemeinsam ab. Allein dadurch, dass wir unseren täglichen Aktivitäten mit anderen Praktizierenden nachgehen, können wir ganz konkret Liebe und Akzeptanz erfahren. Die Sangha ist ein Garten mit verschiedenen Baum- und Blumenarten. Wenn wir uns selbst und andere als schöne, einzigartige Bäume und Blumen sehen, werden wir uns wirklich so entwickeln, dass wir einander verstehen und lieben. Eine Blume kann zu Beginn des Frühlings und eine andere im Spätsommer blühen. Ein Baum kann viele Früchte tragen und ein anderer erfrischenden Schatten spenden. Keine Pflanze ist besser als eine andere.

GEMEINSCHAFT IST ÜBERALL

Wir können eine Sangha mit unserem Partner, unserer Partnerin, unserer Familie, den Menschen, mit denen wir zusammenleben, aufbauen, oder wir treffen uns einmal pro Woche oder Monat mit Freundinnen und Freunden, um gemeinsam zu üben. Wir üben, um Frieden, Glück und Freude in dieser kleinen Sangha zu verwirklichen. Gleichzeitig sehen wir unsere kleine Sangha im Zusammenhang mit der größeren; wir üben mit Unterstützung unserer Lehrer, Lehrerinnen, unserer Eltern, Freundinnen und Freunde und aller Lebewesen in der Tier-, Pflanzen- und Mineralienwelt. Leben Sie Ihr tägliches Leben so, dass Sie deren Anwesenheit die ganze Zeit spüren. Tun Sie, was Sie können, um der Luft, dem Wasser, den Felsen, Bäumen, Vögeln und Menschen Glück und Wohlbefinden zu bringen.

DER HEUTIGE TAG

Leben findet man nur im gegenwärtigen Augenblick. Ich denke, wir sollten diese Tatsache durch einen Feiertag ehren. Wir haben Feiertage für so viele wichtige Anlässe – Weihnachten, Neujahr, Muttertag, Vatertag und sogar einen Tag der Erde –, warum nicht einen Tag feiern, an dem wir ganztägig glücklich im gegenwärtigen Augenblick leben? Ich möchte diesen Tag zum »heutigen Tag« erklären, zu einem Tag, an dem wir die Erde, den Himmel, die Bäume und den Frieden berühren können, die alle im gegenwärtigen Augenblick für uns da sind.

KOLLEKTIVE INTELLIGENZ

Die Ameisen in einem Ameisenhaufen verhalten sich insgesamt intelligent, arbeiten zusammen, haben Einsichten; sie wissen genau, was sie tun und was sie nicht tun sollen. Ein Ameisenhaufen verhält sich wie ein Organismus. Werden fünf, zehn oder ein Dutzend Ameisen vom Rest separiert, wissen sie nicht, was sie tun sollen; sie sind verwirrt und laufen ziellos umher. Was die Gemeinschaft der Ameisen tut, kann keine einzelne Ameise vollbringen. In der Gemeinschaft der Ameisen gibt es keine Anführerin, keinen Anführer; dasselbe gilt für Bienen und Termiten. Wenn Individuen als Sangha zusammenkommen und die Sangha als Organismus zu funktionieren beginnt, gibt es Intelligenz, Fantasie, Einsicht, Stabilität und Weisheit.

EIN ORCHESTER OHNE DIRIGENT

In unserem Gehirn kommunizieren eine Vielzahl von Neuronen miteinander und wirken zusammen, um Gedanken, Gefühle und Ideen hervorzubringen, aber kein einziges Neuron ist der Leiter; es ist wie ein Orchester ohne Dirigent oder ein Bienenstock, in dem alle Bienen zusammenarbeiten. Die Bienenkönigin ist nicht die Anführerin; ihre einzige Aufgabe besteht darin, die nächste Bienengeneration hervorzubringen. Wenn wir in unseren Körper schauen, sehen wir eine Vielzahl von Zellen, die zusammenarbeiten, aber es gibt keine Chefin. Eine Sangha, eine Gemeinschaft von Menschen, die zusammen Achtsamkeit, Konzentration und Einsicht übt, ist wie ein Bienenstock, in dem alle in Harmonie zusammenarbeiten.

JEDER BRAUCHT EINE SANGHA

1966 durfte ich nach einem Aufenthalt in den USA, bei dem ich um Frieden für mein Land warb, nicht mehr nach Vietnam zurückkehren. Ich fühlte mich wie eine Biene im Einsatz, abgeschnitten von ihrem Bienenstock, wie eine Zelle außerhalb des Körpers, die vom Austrocknen und Sterben bedroht ist. Deshalb nahm ich Kontakt zu Menschen aus dem akademischen Bereich sowie zu spirituellen Führungspersönlichkeiten aus verschiedenen Traditionen auf, die sich für den Frieden einsetzten, und gemeinsam schufen wir eine Art Praxisgemeinschaft. Ich wusste, dass ich ohne eine Sangha nicht überleben könnte. Wohin ich auch gehe, immer trage ich meine Sangha in meinem Herzen mit mir, und wo immer ich bin, beginne ich stets damit, eine Sangha aufzubauen.

TEEMEDITATION

In Plum Village praktizieren wir oft Teemeditation. Wir nehmen uns Zeit, um alles gut vorzubereiten, damit wir eine ruhige und friedvolle Atmosphäre genießen können. Wir legen Kissen und Matten im Kreis hin und stellen in die Mitte eine schöne Vase mit Blumen. Dann kommen wir zusammen, um etwa anderthalb Stunden lang eine Tasse Tee, einen Keks und die Gesellschaft der anderen zu genießen. Wir haben nichts zu tun und müssen nirgendwo ankommen. In der ruhigen, intimen und informellen Atmosphäre teilen wir Gedichte, Lieder und Geschichten miteinander. Normalerweise dauert es nur ein paar Minuten, um eine Tasse Tee zu trinken, aber wenn wir uns die Zeit nehmen, um wirklich füreinander da zu sein, nähren wir unser Verständnis füreinander und unser Glück.

FRIEDEN IN SICH SELBST, FRIEDEN IN DER WELT

Jedes Mal, wenn wir uns aufregen oder über etwas wütend sind, können wir bei dem, was wir gerade tun, innehalten. Wir sagen nichts und atmen mehrere Male ein und aus, wobei wir uns jedes Ein- und Ausatmens bewusst sind. Wenn wir immer noch verärgert oder aufgewühlt sind, können wir einen Spaziergang machen und dabei jeden langsamen Schritt und jeden Atemzug achtsam wahrnehmen. Indem wir Frieden in uns selbst kultivieren, schaffen wir Frieden in der Gesellschaft. Es hängt von uns ab. Frieden in uns selbst zu praktizieren bedeutet, die Zahl der Kriege zwischen diesem und jenem Gefühl oder dieser und jener Wahrnehmung zu minimieren. Dann können wir auch mit anderen in echtem Frieden sein.

TÄGLICHE ACHTSAMKEIT IST DIE GRUNDLAGE DES WANDELS

Die tägliche Praxis der Achtsamkeit führt zu wirklicher Befreiung und sozialem Wandel. Soziales Handeln beruht auf einer echten, gefestigten Achtsamkeitspraxis. Politischer und sozialer Wandel werden viel einfacher zu erreichen sein, wenn wir über ein Fundament spiritueller Praxis verfügen. Eine regelmäßige Achtsamkeitspraxis gibt uns dabei eine klare Richtung, und wir wissen, welche Maßnahmen wir ergreifen sollten und welche nicht. Es gibt in unserer Gesellschaft einen tiefen Wunsch nach sozialer Gerechtigkeit. Diese kann nur durch die Veränderung unseres kollektiven Bewusstseins erreicht werden. Alle politischen Aktionen haben nur dann einen Sinn, wenn sie aus Freiheit, Verstehen und Mitgefühl sowie aus Frieden und Freude entstehen.

OLIVENBÄUME

Eines Jahres fuhr ich zu einem Retreat nach Italien, und mir fiel auf, dass die Olivenbäume in kleinen Gruppen wuchsen. Ich war überrascht und fragte, warum man sie in Gruppen von drei oder vier gepflanzt habe. Unsere Freunde erklärten mir, dass jede Gruppe eigentlich nur ein Baum sei. Nach einem harten Winter waren alle Olivenbäume abgestorben. Doch tief im Innern waren die Wurzeln noch lebendig, und als der Frühling kam, trieben die jungen Triebe in Gruppen aus, sodass jeder Baum statt eines Stammes drei oder vier hatte. Es schien, als seien sie getrennte, einzelne Olivenbäume, aber in Wirklichkeit waren sie ein einziger.

WAHRE GEMEINSCHAFT

Ist es möglich, aus einem Parlament oder einer Regierung eine Gemeinschaft zu machen? Unsere Gesellschaft basiert auf der dualistischen Vorstellung von Selbst und anderen. Es ist eine Sichtweise, die das Eigeninteresse fördert. Wir sind es nicht gewohnt, uns selbst als eine Gemeinschaft zu sehen. Wenn wir jedoch zu uns selbst zurückkehren und tief in die Situation hineinschauen, in der sich unsere Gesellschaft gerade befindet, können wir all die Faktoren sehen, die Disharmonie, Konflikte und Leid gebracht haben. Gleichzeitig erkennen wir, dass es einen Weg der Achtsamkeit und Harmonie gibt, der Transformation und Heilung herbeiführen kann, der zu wahrer Brüder- und Schwesterlichkeit, wahrer Verbundenheit und wahrer Gemeinschaft führen wird.

GLOBALE GEMEINSCHAFT

Was auch immer die Menschen darüber denken mögen, die Menschheit wird eine globale Gemeinschaft werden. Trennung und Zerstörung finden überall auf der Welt statt. Können wir wie Ameisen und Bienen sein und in Harmonie zusammenarbeiten? Gemeinschaftsbildung ist eine Kunst. Eine Praxisgemeinschaft ist ein Organismus mit den Prinzipien von Achtsamkeit, Konzentration und Einsicht als Basis. Um Zwietracht, Zerstörung und Leid zu vermeiden, kann jeder von uns seine Praxis der Achtsamkeit sowie seine Einsichten und Erfahrungen mit der Bildung einer Gemeinschaft einbringen, um zur Schaffung dieser globalen Gemeinschaft beizutragen.

WIEDERHERSTELLUNG DES GLEICHGEWICHTS

Die Erde hat in der Vergangenheit viel Leid erfahren, aber es ist ihr gelungen, sich immer wieder davon zu erholen. Sie hat Naturkatastrophen erlebt, beispielsweise Kollisionen mit anderen Planeten, Meteoriten und Asteroiden, aber auch schwere Dürreperioden, Waldbrände und Erdbeben. Dennoch vermochte sie sich nach all diesen Ereignissen wieder zu erholen. Jetzt belasten wir die Erde durch die Verschmutzung der Atmosphäre, die Erwärmung des Planeten und die Vergiftung der Meere so sehr, dass sie sich wohl nicht mehr selbst heilen kann. Die Erde hat ihr Gleichgewicht verloren. Wir haben unsere Verbindung zu der Erde und ihren natürlichen Rhythmen verloren. Wir alle müssen Verantwortung für das übernehmen, was mit der Erde geschieht, unsere Rolle in diesem Prozess sehen und erkennen, was wir tun müssen, um Mutter Erde zu schützen.

Wir können uns nicht nur darauf verlassen, dass sich Mutter Erde um uns kümmert; wir müssen uns auch um sie kümmern. Wenn wir das Gleichgewicht der Erde nicht wiederherstellen, werden wir weitere Zerstörung verursachen, und es wird fraglich, ob das Leben auf der Erde weitergeht. Wir müssen verstehen, dass die Bedingungen zur Wiederherstellung des notwendigen Gleichgewichts aus uns selbst kommen müssen, aus unserer eigenen Achtsamkeit, aus unserem eigenen Grad an Bewusstheit. Unser erwachtes Bewusstsein ist das, was die Erde heilen kann.

FRISCHE KRÄUTER

Während des Vietnamkrieges gab es so vieles, um das wir uns Sorgen machen mussten – tagtäglich fielen Bomben, und Menschen starben. Ich habe mich nur darauf konzentriert, wie ich helfen kann, den Krieg, das Töten und das Leiden zu beenden. Ich hatte keine Zeit, mit den stärkenden, heilsamen Wundern des Lebens in Berührung zu kommen. Mein Körper und mein Geist bekamen nicht die Nahrung, die sie brauchten. Eines Tages brachte einer meiner Studenten einen Korb mit frischen Kräutern für unser Mittagessen mit – in Vietnam gibt es normalerweise zu jeder Mahlzeit frische Kräuter –, und ich staunte einfach nur darüber. Mir wurde klar, dass ich so, wie ich mein Leben führte, nicht die Zeit hatte, an Dinge wie frische Kräuter zu denken, an die einfachen, alltäglichen Dinge, die die Wunder des Lebens ausmachen.

Diese Erfahrung lehrte mich, dass ich mir Zeit nehmen sollte, um mit den stärkenden und heilenden Elementen in mir und um mich herum in Berührung zu sein.

Ein schlichter Teller mit frischen Kräutern genügte, um mein Gleichgewicht wiederherzustellen. Sozial engagierte Menschen wollen in ihrem Bemühen, der Welt zu helfen, nie nachlassen, aber wenn wir kein Gleichgewicht zwischen unserer Arbeit und unserer spirituellen Nahrung – unserer Praxis der Achtsamkeit – bewahren, werden wir nicht sehr weit kommen. Die Praxis der Gehmeditation, des achtsamen Atmens, des Kontakts mit den stärkenden, heilenden Elementen in uns und um uns herum ist entscheidend für unser Überleben und wird uns helfen, mit unserer Arbeit für lange Zeit fortzufahren.

EINE GLOBALE ETHIK

Die Welt, in der wir leben, ist global. Volkswirtschaften am anderen Ende der Welt beeinflussen unsere eigene. Unsere Politik, Bildung, Kultur und unser Konsum gehen weit über nationale Grenzen hinaus. Auch unsere Ethik, unsere menschlichen Werte müssen globalisiert werden. Eine neue Weltordnung erfordert ein neues Weltethos, dem jeder und jede zustimmen kann. Ein gemeinsamer Ethikkodex ist der Schlüssel zur Bewältigung der wahren Herausforderungen unserer Zeit. Überall auf der Welt sind wir mit Klimawandel, Gewalt und Kriegen konfrontiert. Fanatismus, Diskriminierung, Spaltung, Ungerechtigkeit, Wirtschaftskrisen und die Zerstörung der Umwelt betreffen uns alle.
Wir – die Menschen vieler Nationen und unterschiedlicher Traditionen – sollten uns zusammensetzen, um die Ursachen des globalen Leidens zu identifizieren und nach Lösungen zu suchen. Wenn wir tief und klar schauen, in Ruhe und Frieden, können wir die Ursachen unseres Leidens sehen und einen Ausweg finden. Wir Menschen leben in vielen verschiedenen Kulturen und Nationen, jede

mit ihren eigenen Werten, Verhaltensweisen und Kriterien für ethisches Verhalten. Jedes Land, jede Kultur und Tradition kann etwas Schönes und Wertvolles beisteuern. Es bedarf all unserer kollektiven Weisheit, um einen globalen Ethikkodex zu erstellen. Mit der Einsicht aller Menschen und Traditionen der Welt können wir eine globale Ethik schaffen, die auf gegenseitigem Respekt beruht.

ECHTE VERÄNDERUNG SCHAFFEN

Eine Revolution muss stattfinden, und sie beginnt in jedem und jeder von uns. Wenn wir die Art und Weise ändern, wie wir die Welt sehen, wenn wir erkennen, dass wir und die Erde eins sind, und wenn wir mit Achtsamkeit zu leben beginnen, wird unser eigenes Leiden allmählich weniger werden. Fühlen wir uns nicht mehr von unserem eigenen Leiden überwältigt, werden wir über das nötige Mitgefühl und das Verständnis verfügen, um die Erde mit Liebe und Respekt zu behandeln. Wenn wir das Gleichgewicht in uns selbst wiederherstellen, beginnen wir mit der Arbeit, das Gleichgewicht auf der Erde wiederherzustellen. Es gibt keinen Unterschied zwischen der Sorge um den Planeten und der Sorge um uns selbst und unser eigenes Wohlergehen. Es gibt keinen Unterschied zwischen der Heilung des Planeten und der Heilung unserer selbst. Wirkliche Veränderung wird nur dann geschehen, wenn wir uns in unseren Planeten verlieben. Nur Liebe kann uns zeigen, wie wir in Harmonie mit der Natur und miteinander leben und uns vor den verheerenden Auswirkungen der

Umweltzerstörung und des Klimawandels retten können. Wenn wir die Tugenden und Talente der Erde erkennen, fühlen wir uns mit ihr verbunden, und Liebe wird in unseren Herzen geboren. Wir wollen verbunden sein. Das ist der Sinn der Liebe: eins zu sein. Wenn man jemanden liebt, möchte man für diese Person sorgen. Wenn wir auf diese Weise lieben, ist das eine gegenseitige Liebe. Wir werden alles zum Wohle der Erde tun, und wir können darauf vertrauen, dass sie ihrerseits alles für unser Wohlergehen tun wird.

DIE ERDE VOM WELTRAUM AUS GESEHEN

Im Jahr 1969 sahen die Menschen erstmals Bilder der Erde. Aufgenommen wurden sie von Astronauten, die den Mond umkreisten. Dies war auch das erste Mal, dass wir unseren Planeten als ganzen sehen konnten. Vom Weltraum aus gesehen, konnten wir die Erde als ein einziges lebendes System sehen. Wir konnten sehen, wie schön, aber auch wie zerbrechlich die Erde ist, ebenso wie ihre Atmosphäre – nur eine winzige dünne Schicht, die uns alle schützt. Den Astronauten erschien die Erde als ein dynamisches, lebendiges und immerfort leuchtendes Juwel. Als ich diese Bilder sah, war ich fasziniert. Ich dachte: »Liebe Erde, ich wusste nicht, dass du so schön bist. Ich sehe dich in mir. Ich sehe mich in dir.«

KOLLEKTIVES ERWACHEN

Auf der ganzen Welt versuchen Menschen, eine Art kollektives Erwachen herbeizuführen. Wenn uns das gelingt, wird alles gut werden, und wir werden wissen, wie wir in Harmonie miteinander und mit der Erde zusammenleben können. Gemeinsam werden wir wissen, was wir tun müssen, um den Planeten zu retten und unseren Kindern und deren Kindern eine Zukunft zu ermöglichen. Diesen Bewusstseinswandel können wir erreichen, wenn wir erkennen, dass alles mit allem in wechselseitiger Abhängigkeit steht und dies die Natur unserer Wirklichkeit ist. Diese Erkenntnis ist nicht das Ergebnis irgendeiner Ideologie oder eines Denksystems; sie ist die Frucht unserer direkten Erfahrung der Wirklichkeit in ihren vielfältigen Beziehungen.

EINSICHTEN TEILEN

Wir müssen lernen, unsere Stimme zu erheben, damit sie und die Stimmen aller unserer spirituellen Vorfahren in diesem gefährlichen und entscheidenden Moment der Geschichte gehört werden. Jeder und jede hat den Samen des Erwachens und der Einsicht im eigenen Herzen. Lasst uns einander helfen, diese Samen zu berühren, damit wir alle den Mut haben, unsere Stimme zu erheben. Wir haben die Werkzeuge. Wir kennen den Weg. Wir haben die Fähigkeit, durch unsere Praxis die nötige Einsicht zu entwickeln. Wir müssen nur beginnen. Mit einem Schritt, mit einem Atemzug können wir die Verpflichtung eingehen, unser tägliches Leben so zu leben, dass es dem Planeten, unseren geliebten Gemeinschaften und uns selbst Glück und Wohlbefinden bringt.

ÜBUNGEN, DIE UNS VERBINDEN

Die folgenden Übungen können uns helfen, Körper und Geist wieder zu vereinen und mit dem Leben im gegenwärtigen Augenblick in Berührung zu kommen.

ZUM KÖRPER HEIMKEHREN

Es ist gut, sich Zeit für eine regelmäßige Praxis der Sitzmeditation zu nehmen, auch wenn es nur zehn Minuten vor dem Schlafengehen oder morgens vor Beginn des Tages ist. Sie können die Sitzmeditation auch im Bus, im Auto während des Wartens an einer roten Ampel, am Flughafen, bei der Arbeit vor einem Meeting oder während einer Pause praktizieren. Durch regelmäßiges Üben stellen wir immer wieder eine Verbindung zu unserem Körper, unseren Gefühlen und unserem Geist her und halten sie aufrecht. Das bringt uns Frieden und Klarheit.

Wenn Sie sich zur Meditation hinsetzen, achten Sie darauf, dass Sie eine bequeme Position einnehmen: der Rücken sollte aufrecht, aber nicht angespannt sein, die Augen geschlossen oder halb geöffnet, der Kiefer entspannt und die Schultern entspannt. Ein Halblächeln hilft, dass sich alle Muskeln im Gesicht entspannen, und es erweckt ein Gefühl des Friedens und der Freude in uns. Zu Beginn richten wir unser Gewahrsein auf unser Atmen und folgen ihm, indem wir das sanfte Auf und Ab unseres Unterleibs wahrnehmen. Wir entspannen den ganzen Körper und lösen alle Spannungen. Es ist sehr einfach und angenehm. Meditation ist keine schwere Arbeit! Sie können während des Sitzens die folgenden Sätze still wiederholen. Sie können sich auch auf den Boden legen für eine Tiefenentspannung des Körpers, indem Sie innerlich jeden seiner Teile durchwandern, etwaige Spannungen lösen und ein Gefühl des Wohlbefindens erzeugen.

Ich atme ein und folge meinem Einatem den ganzen Weg vom Anfang bis zum Ende.
Ich atme aus und folge meinem Ausatem den ganzen Weg vom Anfang bis zum Ende.
Der sanften Bewegung der Luft, die in meinen Körper einströmt, gewahr, atme ich ein.
Jede Spannung in meinem Körper lösend, atme ich aus.

In Berührung mit meinen Schultern und meinem Bauch atme ich ein.
Meine Schultern und meinen Bauch entspannend, atme ich aus.

Des Zustands meines Körpers gewahr, atme ich ein.
Dankbarkeit für meinen Körper spürend, atme ich aus.

Ich atme ein und verweile friedvoll im gegenwärtigen Augenblick.
Ich atme aus und weiß, dass dies ein wundervoller Augenblick ist.

GEFÜHRTE MEDITATION

Achtsamkeit hat zwei Funktionen. Die erste besteht darin, dass wir mit den wundervollen und schönen Dingen um uns herum in Berührung kommen. Die zweite ist, dass wir mit den schwierigen Emotionen wie Wut, Angst, Schmerz und Trauer in uns und um uns herum in Berührung kommen. Achtsamkeit kann uns helfen, diese schwierigen Gefühle zu erkennen, anzunehmen und zu transformieren. Geführte Sitzmeditationen können uns bei dieser Praxis des Erkennens und Umwandelns schwieriger Emotionen oder negativen Denkens gut unterstützen. Wir beginnen stets damit, unseres Atems und Körpers gewahr zu werden – wir lassen den Atem und den Körper zur Ruhe kommen, entspannen Atem und Körper und lösen die Spannungen im Körper. Dann gehen wir dazu über, unsere Gedanken und Gefühle zu erkennen und zu umarmen. Hier ist eine einfache geführte Meditation, die Sie üben können:

> Einatmend bin ich meines Einatmens gewahr.
> Ausatmend bin ich meines Ausatmens gewahr.
> Ein und aus.

Einatmend wird mein Atem tief.
Ausatmend wird mein Atem langsam.
Tief, langsam.

Meines Körpers gewahr, atme ich ein.
Meinen Körper entspannend, atme ich aus.
Des Körpers gewahr, den Körper entspannen.

Meiner Gefühle gewahr, atme ich ein.
Meine Gefühle beruhigend, atme ich aus.
Der Gefühle gewahr, die Gefühle beruhigend.

Meiner Gedanken gewahr, atme ich ein.
Freudvolle Gedanken erweckend, atme ich aus.
Der Gedanken gewahr, freudvolle Gedanken erweckend.

Einatmend fühle ich mich glücklich, am Leben zu sein,
Ausatmend lächle ich dem Leben zu.
Glücklich, lächeln.

GEHMEDITATION

Wenn wir mit Achtsamkeit gehen, verbinden sich unsere Füße mit Mutter Erde. Wir gehen mit sanften Schritten und bringen unsere gesamte Aufmerksamkeit zu jedem Schritt. Solche Schritte haben die Kraft, uns aus dem Zustand der Entfremdung zu retten und uns an einen Ort wahrer Zuflucht zurückzubringen, und sie verbinden uns wieder mit uns selbst und mit der Erde. Jeder Schritt kann nährend und heilend sein.

Wo immer wir auch gehen, ob am Flughafen, im Supermarkt oder auf einem Waldweg, wir gehen auf Mutter Erde. Gehen Sie auf natürliche, entspannte Weise, und passen Sie Ihre Schritte Ihrem Atem an. Während Sie einatmen, können Sie ein, zwei oder drei Schritte machen. Beim Ausatmen möchten Sie vielleicht ein paar mehr Schritte machen als beim Einatmen. Zum Beispiel könnten dies beim Einatmen zwei Schritte und beim Ausatmen drei Schritte sein.

Ein, ein.
Aus, aus, aus.

Vielleicht wollen Sie auch einmal eine sehr langsame Gehmeditation ausprobieren. Dabei machen wir einen Schritt bei jedem Einatmen und einen Schritt bei jedem Ausatmen. Wir gehen für uns selbst, unsere Lieben und die ganze Welt. Wir gehen achtsam und lassen uns von der Erde nähren, und bei jedem Schritt können wir geloben, alle Lebewesen zu schützen. Anstatt unsere Schritte zu zählen, können wir sie auch mit Worten begleiten.

Heimkehren zur Erde.
Zurückkehren zu meiner Quelle.

Zuflucht zu Mutter Erde nehmen.
All mein Leiden an die Erde abgeben.

Mutter Erde ist in mir.
Ich bin in Mutter Erde.

DAS VERWUNDETE KIND HEILEN

Als Kinder waren wir sehr verletzlich. Sehr leicht konnte man uns kränken. Dieser Schmerz ist immer noch in uns. Das verletzte fünfjährige Kind in uns ist immer noch da und muss gehört werden. Um uns mit anderen verbinden und sie verstehen zu können, müssen wir zuerst in der Lage sein, das Gleiche für uns selbst zu tun. Wir können uns darin üben, mit unserem inneren Kind in Berührung zu kommen, seinen Schmerz zu erkennen, ihn zu umarmen und zu transformieren. Wir können uns darin üben, uns selbst als Fünfjährige zu sehen, und dann können wir dasselbe mit unseren Eltern, unseren Geschwistern oder denjenigen tun, von denen wir glauben, dass sie uns Leid zugefügt haben. Hier ist eine einfache geführte Meditation, die Sie praktizieren können:

> Ich atme ein und folge meinem Einatmen.
> Ich atme aus und folge meinem Ausatmen.
>
> Ich atme ein und beruhige meinen Körper.
> Ich atme aus und lächle meinem Körper zu und entspanne mich.

Ich atme ein und sehe mich selbst als fünfjähriges Kind.
Ich atme aus und lächle dem fünfjährigen Kind in mir zu.

Ich sehe, wie unschuldig, verletzlich und zerbrechlich ich im Alter von fünf Jahren war, und atme ein.
Ich tröste mein fünfjähriges Selbst und atme aus.

Ich fühle mein Leiden und meine Einsamkeit im Alter von fünf Jahren und atme ein.
Ich beruhige und umarme das fünfjährige Kind in mir und atme aus.

Ich erkenne die starken Gefühle des fünfjährigen Kindes in mir und atme ein.
Ich beruhige die starken Gefühle des fünfjährigen Kindes in mir und atme aus.

Ich empfinde Liebe und Mitgefühl für mich selbst im Alter von fünf Jahren und atme ein.
Ich nehme mich so an, wie ich bin, und atme aus.

Führen Sie nun diese Meditation für Ihre Mutter, Ihren Vater oder eine andere Person aus, von der

Sie glauben, dass sie Sie in der Vergangenheit verletzt hat. Sie werden sich nicht nur mehr mit ihnen verbunden fühlen, sondern es werden auch Liebe, Verstehen und Mitgefühl in Ihrem Herzen geboren.

> Ich atme ein und sehe meine Mutter als fünfjähriges Kind.
> Ich atme aus und lächle meiner Mutter als fünfjährigem Kind zu.

> Ich atme ein und sehe, wie unschuldig, verletzlich und zerbrechlich meine Mutter im Alter von fünf Jahren war.
> Ich atme aus und tröste ihr fünfjähriges Selbst.

Fahren Sie mit der Meditation wie oben beschrieben fort.

LIEBES-MEDITATION

Uns selbst und anderen Liebe und Mitgefühl zu senden hat die Kraft, unser Leiden zu heilen und umzuwandeln. Wir können unsere heilende Energie der Liebe und des Mitgefühls zuerst uns selbst senden, dann denen, die wir lieben, dann jemandem, mit dem wir Schwierigkeiten haben, und schließlich allen Wesen überall, die leiden. Wir können sagen: »Möge ich«, dann »Mögest du«, »Mögen sie« und schließlich »Mögen alle Wesen«. Vielleicht möchten Sie dies jeden Abend vor dem Schlafengehen oder während Ihrer täglichen Meditationspraxis rezitieren. Auf diese Weise können wir uns mit der ganzen Welt, mit allen Wesen überall verbinden.

> Möge ich friedvoll, glücklich und leicht in Körper und Geist sein.
> Möge ich sicher und frei von Verletzungen sein.
> Möge ich frei von Ärger, Angst und Furcht sein.
> Möge ich lernen, mich selbst mit den Augen des Verstehens und der Liebe zu betrachten.
> Möge ich fähig sein, die Samen der Freude und des Glücks in mir selbst zu erkennen und zu berühren.

Möge ich lernen, die Quellen von Wut, Verlangen und Verblendung in mir selbst zu erkennen und zu sehen.

Möge ich wissen, wie ich die Samen der Freude in mir jeden Tag nähren kann.
Möge ich in der Lage sein, gesund, gefestigt und frei zu leben.
Möge ich frei von Anhaftung und Abneigung sein, aber nicht gleichgültig.

BEWUSSTES ATMEN, EINE FRIEDVOLLE ZUFLUCHT

Unsere Atmung ist ein stabiler, fester Boden, zu dem wir stets Zuflucht nehmen können. Ganz gleich, was in uns vorgeht, unser Atem ist immer bei uns, wie ein treuer Freund. Wann immer wir von unseren Gedanken mitgerissen werden oder von starken Gefühlen überwältigt werden oder uns unruhig und zerstreut fühlen, können wir zu unserem Atem zurückkehren. Wir bringen unseren Körper und unseren Geist zusammen, und wir sammeln, beruhigen und verankern unseren Geist. Wir sind uns der Luft bewusst, die in unseren Körper ein- und ausströmt. Wenn wir unserer Atmung gewahr sind, wird sie auf natürliche Weise leicht, ruhig und friedvoll.

BÜCHER ZUM WEITERLESEN

Thich Nhat Hanh: Achtsam arbeiten, achtsam leben: Der buddhistische Weg zu einem erfüllten Tag, München 2013.

Thich Nhat Hanh: Achtsam sprechen, achtsam zuhören: Die Kunst der bewussten Kommunikation, München 2014.

Thich Nhat Hanh: Achtsamkeit Survival-Kit: Fünf grundlegende Übungen, München 2015.

Thich Nhat Hanh: Das Wunder im Jetzt, München 2017.

Thich Nhat Hanh: Die Sonne – mein Herz, München 2020.

Thich Nhat Hanh: Gut sein und was der Einzelne für die Welt tun kann, München 2014.

Thich Nhat Hanh: Mein Leben ist meine Lehre, München 2017.

Thich Nhat Hanh: Nenne mich bei meinen wahren Namen, München 2010.

Thich Nhat Hanh: Umarme deine Wut, München 2020.

Thich Nhat Hanh: Versöhnung mit dem inneren Kind: Von der heilenden Kraft der Achtsamkeit, München 2011.

Thich Nhat Hanh: Wie Siddhartha zum Buddha wurde. Eine Einführung in den Buddhismus, München 2020.

PRAXISZENTREN

Die Kunst des achtsamen Lebens in der Tradition von Thich Nhat Hanh wird weltweit in Praxiszentren gelehrt. Informationen dazu finden Sie unter:

Plum Village
13 Martineau
F-33580 Dieulivol
www.plumvillage.org

Workshops und Retreats in deutscher Sprache finden Sie unter:

EIAB
Europäisches Institut für Angewandten Buddhismus
Schaumburgweg 3
51545 Waldbröl
www.eiab.eu

Intersein
Zentrum für Achtsamkeit und Meditation
Unterkashof 50
94545 Hohenau
www.intersein-zentrum.de

Infos unter: www.intersein.de

THICH NHAT HANH, 1926 in Vietnam geboren, genießt als Meditationslehrer, Zen-Meister, Dichter und Vertreter eines engagierten Buddhismus weltweit hohes Ansehen. Sein unermüdliches Eintreten für Frieden und soziale Gerechtigkeit hat ihn weit über buddhistische Kreise hinaus bekannt gemacht. Er ist der spirituelle Leiter der Gemeinschaft Intersein und Gründer des berühmten Zentrums Plum Village in Frankreich und des Europäischen Instituts für Angewandten Buddhismus in Waldbröl (NRW).

O.W. BARTH